# 당신은 알지 못합니다

# 당신은 알지 못합니다

최 다 원 시화집 ❼

도서출판 書藝文人畫

# 작가의 말

최 다 원

얼마만큼 잤을까
고요만이 초침을 재촉하는 어둠속에서
지금은 몇 시일까 가늠하다가
팔을 뻗어 핸드폰의 폴더를 밀어 본다
새벽 두시 반

아……

아직은 많이 남은 밤이다
조금 후면 새벽닭이 목을 늘이고
새 아침을 알리는 시간이구나!
내일을 위하여 조금 더 자야 하는데의 부담감이
붙여놓은 눈꺼풀을 밀어 내지 못하고
이리저리 위치를 바꿔 몸을 뒤척여 본다.
개인전과 시화집 그리고 명언집 출간이
코 앞으로 다가와 서 있어
머릿속에 우글거리는 번뇌 때문이다

새들이 다가와 우짖고 날갯짓을 하며
하늘거리는 장미꽃잎과
침묵하는 산들과 자연의 숭고한 모습들이 밀려온다. 다가온다.
그려달라고

그리고 써달라고……

이 모두는
때론 고통이요 때론 번뇌요
인생을 즐기는 나의 삶에  전율하는 행복인 것을

그리다 놓아둔 그림들이 보푸라기처럼 매달리고
이 생각 저 생각이 다투어 밀려와
못내 이불을 박차고 일어나 창가에 기대어 본다.

목숨 걸고 있는 문학과 그림

우연일까!
아마도 나의 운명이며 숙명일 것이다
시인은 신의 소리를 받아 적는 신인을 시인이라 칭한다고 했다
이 얼마나 감사하고 또 고마운 일인가
심장과 간장을 녹여 쓰고 그리는 문학과 그림
누군가의 심장을 향해 지새우는 하얀 밤은 축복인 것을

멀리 하얀 새벽달을 응시하다가
컴퓨터를 열어 글들을 꺼내 뇌실에 구겨 넣어 보지만
눈은 침침해 오고 주변을 겉돌고 마는 시구의 활자 활자들
멀리서 컹컹 개짖는 소리가 고요하던 정적을 깨고
쓰레기 수거차 소음은 또 새벽을 연다.
무심한 초침은 근면하게 똑딱이고
희미해가는 가로등만 외발로 서서 꾸벅꾸벅 졸고 있다

## 목 차

향기 Fragrance • 70×51.5cm • 2009

# 그리움만 쌓이네

당신과 마주앉아 차를 마시고
은은히 여백을 가르는 음악을 함께 듣고
맞잡은 손가락을 타고 전달되는 체온에 전율하며
두 손으로 꼬옥 어깨를 감싸고
오솔길을 함께 산책해도 좋겠지요.

촉촉한 눈우물 가득 고인 액체의 의미를 되새기며
그저 침묵으로도 흐르는 미소를 눈빛으로 나누고
별것 아닌 일상을 이야기하며 정치 이야기와 경제 이야기
문화와 독서의 독후감 그 밖의 담소를 나누며
서로의 마음을 주고받아도 좋겠지요.

온통 새하얀 설원에 반짝반짝 빛나는 햇살을 폐부 가득 채우고
벙어리장갑 낀 두 손으로 꽁꽁 뭉쳐둔 눈뭉치를 던져보고
닭살스런 러브스토리의 배우들처럼 함박웃음 내지르며
눈 사진을 찍어보는 것도 때로는 좋겠지요.

반복과 반복으로 분주하던 일상을 잠시 내려놓고
비워둔 가슴에 따스한 애틋함으로 가득 채우고
구슬픈 독경소리 구석구석 울려 퍼지는
산사의 정적을 둘이서 거닐어 보는 것도 좋겠지요.

아직 어두움이 도시를 차지한 미명의 신 새벽
얼굴도 그려보고 마음도 그려보며
음미하던 그리움을 커피 잔 가득 타 마시는 시간
당신은 아직 저만치에 머물고 그리움만 쌓이네.

포도  Grape • 70×45.5cm • 2007

누구입니까 Who are you? • 45.5 × 70cm • 2010

# 사랑 1

봉숭아 씨방처럼
손 대면 톡하고 터질 당신을 향한
마음이 있습니다.

거꾸로 모아 쥐고
톡톡 두드리면 우수수 쏟아질
당신을 향한 그리움이 있습니다.

파란 하늘처럼
당신과의 애틋함이 무궁무진한
내일이 있습니다.

흘러 흘러 침묵으로 흘러
바다를 이루는 강물처럼
당신의 넓고 깊은 가슴이 있습니다.

나팔꽃처럼
아침마다 피워 올려 외치는
당신을 향한 사랑이 있습니다.

# 하얀 달빛이 애처로운 새벽

그리움을 키운다는 것은 매우 흡족한 일이다.
그리움을 따라가면 미소가 안면 가득 너울대
모공이 확장하고 가슴이 따스해지며
아름다운 눈빛과 나누었던 언어들이 나열돼
공간을 채우고 온기가 생성돼 혈관을 따라 흐르곤 했다.
보고 싶은 마음을 데리고 오솔길을 걷다 보면
기억에 남겨진 추억과 다가와 줄 앞으로의 내일도
모두 서늘하도록 아름다워
잠시의 여백이 머무는 시간마저
하루해가 지루하지 않았었다.
그리움을 키우는 것은 슬픈 일이다.
너무나 보고 싶어 눈 우물 가득 액체가 고이고
심장의 저 밑으로부터 저려오는 것은
혈관이 수축되는 고통을 수반하기 때문이다.
그리움은 키우지 말고 버려야 한다고
떠나 보내야만 한다고
다짐하고 털어내고 떼내어 봐도
간절함만 양산되어 자꾸 몸집을 키우고
다정하던 그 목소리 환청으로 시달리곤 한다.
아직 당신 곁에 머문 마음
언제나 끝이 날까.

당신은 동행입니다 You are fellow travelers • 56×42cm • 2009

青松 Green of the pine tree • 60×51cm • 2010

# 어떡하니

아주 먼 곳으로
사랑을 떠나보낸 친구는
울먹이며
이불을 뒤집어쓰고 울고 있다고 했다.
먹을 수도 잠을 잘 수도 없으며
길을 나서면 두 다리는 허둥댄다고
지구는 빙빙 돌고 구름은 나선형을 그리며 맴돈다고
눈을 감으면 아름다웠던 이야기들이
필름을 풀고
못다 한 사랑이 숨통을 조여 온다고 했다.
표피마다 소름이 돋아나고 온통 시선을 건네는 곳마다
사연들이 줄을 선다고
다 못해준 여러 일들
다 주지 못한 마음 씀
못다 나눈 사랑이 가슴 가장자리에서 저리다고 했다.
저쪽 공간에서 애처로운 그리움이
전화선을 타고 가느다란 전율로 다가오는
친구의 끊길듯 떨리는 목소리에
무의미한 위로의 말을
습관처럼 또 했다.
어떡하니……

富貴圖 Painting of rich and noble • 45×39cm • 2010

# 전화야

회색 빛 구름이 하늘을 덮고
눈이라도 내려줄 것만 같은 오후의 창가
잔뜩 웅크린 전화로 옮겨간 시선만
창 밖과 전화기 사이를 숨 가쁘게 오고 간다.
혹시 고장일지도 몰라
발신음을 확인하곤 제자리에 내려놓은 수화기를
물끄러미 바라보다 모카골드 커피 한잔으로 입 속을 채운다.
고요하기만 한 정적을 흔들던 전화벨
가슴 가득 채워주는 기쁨을 가지고 오던 전화
사랑을 내포한 채 우렁차게 불러주던 전화
온갖 희망과 소망과 꿈을 싣고 울어주던
너는 어느새 그리움의 끝을 알려주려 하는구나.
지금은
간절한 그리움이 되어버린 너는
애틋한 마음을 삼켜 버리고
가져간 마음 돌려주지 않는구나.
모두를 가슴에 묻어둔 채
허전한 마음자락을 이끌고 창가로 데려간 너는
원망과 도리질과 미련과 허탈을 움켜쥐고
묵묵히 침묵하는 너만을 쏘아 보다가
나는 창가에서 기다리는 첫 눈처럼
우렁차게 울어줄 전화를 기다린다.
전화야

# 속초 앞바다 파도

화났다
성났다
발가락으로 서서
거품을 물고
함성을 지르며
달려왔건만

한 마디 말도 못하고
성질 한번 내지 못하고
그만 부서지고 마는 파도

그래 인생도 그런 거란다
어찌 할 말을 다해
성질난다고
마음에 안 맞는다고
맘대로 할 수 있나

그냥 참는 거란다
그렇게 참아내는 거란다
마음속에 넣어 두고 삭여내야 해
그래야
뒷모습은 아름다운 거란다

富貴圖 Painting of rich and noble • 49×45cm • 2010

그대가 그리운 날  A day of missing you • 46×46cm • 2009

# 나의 친구

보고 있으면 기분이 좋아지는 친구가 있습니다.
이야기를 나누고 눈을 마주치면 더욱 빠져드는 친구가 있습니다.
지난날의 언저리를 손가락으로 더듬으며
자랑스레 늘어 놓아도 친근감이 발산되고
새롭게 남겨진 뜨거웠던 첫사랑 이야기와 이루지 못한 꿈들을
그렁그렁한 눈으로 이야기할 때
저린 마음이 안타까운 친구가 있습니다.
하얀 눈이 소복소복 내려 포근히 쌓여가던 오후
구수한 모카골드 향처럼 먼저 생각나는 친구가 있습니다.
영하의 추위가 옷깃사이로 스미고
펄럭이는 나목의 몇 개 남은 잎들 사이로
겹쳐 떠오른 친구가 있습니다.
나의 친구는 매우 단정하고 깔끔하며
불의를 보면 분연히 일어설 줄 알고
남을 먼저 배려하고 양보하며
긍휼의 마음들이 넓은 가슴 가득하여
어느 곳에든 넉넉한 손길을 지녔습니다.
이글거리지만 고요한 눈빛을 지닌 친구는 최상의 매너로
준수한 안면 가득 미소를 띠며
덕으로의 온화한 음성을 지녔습니다.
나의 친구는 멋을 아는 멋쟁이입니다.

# 미치고 싶다

그대*에게 가는 길은 매우 험하고 구불거립니다.
모서리를 조심하고 또 조심하지 않으면
어느 곳에 숨어 있을지도 모를 크레바스가
삼켜 버릴 수 있기 때문에 두려움이 앞섭니다.

그대에게 가는 길은 가시밭길입니다
살갗을 찌르고 옷깃을 잡아당기며
엉겅퀴가 곳곳에 붙어 달려들기도 하며
서로 엉킨 줄기들이 가로놓여 헤집고 또 헤집어
발을 들여 놓아야만 합니다.

그대에게 가는 길은 고통입니다.
누구도 간 적이 없는  새 길을 내야 하기에
흙을 고르며 가지를 자르고 적당한 거름과 수분을
공급해 주어야 하며
불필요한 돌멩이를 모두 주워내야 합니다.

그대에게 가는 길은 늘 외롭습니다.
언제나 혼자인 듯
고독을 멍에로 등짐을 져 자문자답으로 답을 구하고
동이의 먹물을 벗 삼으며 한 치 반의 모필과 씨름해야 하고

온전히 두 무릎을 꿇어야하며 늘 사모해야 하고
자만해서도 안 되고 교만해서도 안 되고 자족은 더욱 안 되며
겸손의 가슴을 늘 생활화해야 합니다.

가만히 귀 기울이면 심장의 녹아내리는 소리가 들려오고
경련을 일으키는 간장의 트림이 느껴옵니다.
끊임없는 구애의 손짓과 눈빛을 보내야 한다는 것으로
나의 길을 오늘도 가려 하고 또 가야만 합니다.

나는 미치고 싶기 때문입니다.

* 그림과 시

# 사랑 2

별들도
새들도
바람마저
모두 잠든 삼경
오직
당신에게 가는
길 하나 열었다

소망 Wish • 102×70cm • 2009

사랑 Love • 68×69cm • 2010

# 미안해

거실 컴퓨터
바로 앞에 심어둔 빨간 단풍나무에게
관심을 소홀히 했었나 보다.
조금 비실비실 하더니
잎들이 바삭바삭하게 말라 죽어 있다.

세상사 모든 일들이 그런 것을
소홀하면 문제가 생기는 것은 기정사실인 것
그림이 그렇고 대인 관계도
일상 야기되는 일들마저 그러하거늘

모두는 관심을 가지고
적당히 거름 주고 물 주고
햇살을 공급해야 키를 키우고
열매가 맺는 것을

봄을 맞아 연두빛 새 잎을 달아두고
미소를 건네주던 단풍나무
컴퓨터를 여는 아침이면 마주할 때마다
미안한 마음이 간장에서 올라온다.

# 토란과 서예

원로 작가 탐방 중
K작가는 고향 예산의 밭뙈기에
주말농부로 토란을 심어
가을이면 알토란을 거둔다고 했다.
노서화가는
힘들게 뭐하러 토란을 심느냐고 했다.

듣고 있던 C작가.
선생님은 그 힘든 서화를 왜 하십니까?

사랑  Love • 137×137cm • 2009

그리움 Yearning • 19.5×23.5cm • 2010

# 붓과 술

천안의 노서화가*는
붓을 잡고 있으면 술이 생각나고
술을 한잔하면 붓을 잡고 싶다고
술과 붓은 아주 친밀한 관계이니
그들 사이를 몸이 부서져라
날마다 이어준다고……

*취묵헌 – 인영선 선생

# 우리는 모두 미쳤으니까

서예작가 총회를 위해
서울과 강릉 부산과 전주에서 그리고 김해와 울산에서
파도가 밀려와 부서지는 동해바다를 안고
강릉 바닷가 멍게회집에 서화가들이 머리를 맞대고 있다.
서로의 인적사항이 식탁을 숨 가쁘게 넘나들다가
현재 서예계 흐름이 날개를 파닥이고
근황이 용트림을 하며 내일의 전망이
도다리의 저며진 살점 사이로 슬그머니 숨어들다가
김빠진 소주의 알코올이 혈관을 점령하고 하품할 즈음
서법과 운필이 목청을 가다듬어 열변을 토하다가
공모전 출품의 해프닝이 혀 끝에 매달려 곡예를 하다가
영어와 컴퓨터에 밀린 서예술의 미래를 점치다가
가장 무서운 포도청 목구멍을 염려하다가
죄 없는 술잔만 움켜 쥐고 부서져라 학대할 즈음
어느덧 어두움이 밀려와 감추어진 바다는 파도소리만 철썩이고
하늘에선 축복일까 환영일까 위로일까 함박눈이 펄펄
마주한 눈동자에 슬그머니 동병상련 결속들이 몸집을 키우다가
암울한 서예술의 미로뿐인 내일이 앞을 막아서지만
그래도 써야 하고
그래도 그릴 거라나
왜냐하면
우리는 모두 미쳤으니까!

# 시인들

지금도 밤하늘 올려다보며 별 하나에 눈동자를 맞추겠지.

지금도 꺾어져버린 철 지난 갈대를 한없이 바라보며
마음을 담아 보겠지.

무심코 허공을 가로지른 철새를 따라가 자취를 훔치겠지.

나처럼 밝은 달빛이 창문으로 스며들면 잠 못 들고 뒤척이겠지.

가끔은 눈시울 속 퇴색한 추억 한 올 집어 올리며
먼 하늘 바라보겠지.

소리 죽인 봄비 가닥을 헤아리며 가슴에 비를 내려 보겠지.

지금도 세포들을 일깨워 가늘게 전율해 줄
시어를 찾아 헤매이며
미처 잉태 못한 시 한 편 낳고 싶어 끙끙 앓겠지.

아름답던 날  Beautiful day • 70×43cm • 2009

# 이젠

강물이 넘실대는 봄날의 오후
싱그러운 봄 내음이 스쳐지는 차창에
슬며시 다가와 말을 건다.
먼저 다가온
가끔은 그리운 일들은
어린 시절 추억과
꿈과 소망을 그리던 시절과
지금도 붉혀지는 사랑이 다가오던 순간이
퍼즐처럼 머물다 차창을 지나쳐 가고
다음으로 생각하고 싶지도 않고 기억하고 싶지 않은
잊어야 할 이제는 진정 잊고 싶은 일들이 떠오른다.
무척이나 서운했던 일과
누구에게 잘해 주었던 일
그리고
내 나이를 잊고 싶다.

가족 Family • 70×68cm • 2010

시간 속에서 In the time • 68×70cm • 2009

# 한 남자가 사네

내 가슴에 한 남자가 들어왔네.
문을 열어 둔 적도 없고
들어오라 손짓한 적 없는데
내 가슴에 한 남자가 있네.
늘 침묵하는 남자
언제나 미소 짓는 남자
어디서든 함께하는 남자
내 가슴에 한 남자가 사네.

# 봄날 아침

개나리 작설 같던 혀 끝에 봄이 머물고
하얀 목련 속살이 그리움을 태우며 벙그는 한낮
공평하게 내려온 햇살만 대지를 찍어누르고 있었다.
부산한 봄들이 차장을 에워 싸고
상념의 자락들은 뇌실 속에서 미로처럼 헤매일 때
차선을 가로질러 질주하는 낡은 트럭 한 대
유난히 흔들리는 낙서처럼 쓰여진 짐칸 표면에
나의 눈 속으로 확대되어 들어온 한 귀절이 있었다.

"나보다 불행한 사람에게
행복을 말하지 마라"

백지처럼 뇌실은 다운되고
눈시울만 촉촉이 젖어왔다.

우리들 세상 Our world • 51×70cm • 2010

# 자 이제 떠나보자

입술을 열기 시작한 노오란 개나리
환한 미소로 수다스런 강변을 따라
줄지어 선 나목들이 갈증을 해소하듯 내 영혼을 적시며
행복에 겨운 여행을 당신과 함께 해보고 싶다.

산 그림자 가득 안고 강물은 고요히 흐르며
휘영청 늘어뜨린 능수버들이
연두빛 잎사귀를 촘촘히 내어 달고
미풍 따라 태질하는 퇴촌의 강어귀 모서리에서
정겨운 담소가 꽃처럼 피어나는 유쾌한 여행을 가보고 싶다.

마을에서 나와 마을로 들어간 오솔길을 저속으로 따라 가다
뚝배기에 보글보글 담겨져 나온 청국장으로 시장기를 달래 보고
입 안 가득 감겨드는 백세주 한잔의 알코올로 혀 끝에 적시며
인생이며 삶이며 또한 시와 그림을 논한다면 더욱 좋으리.

사랑하는 이와 촉촉한 눈동자를 맞춰 보고
주고받는 담소 가득 자연스레 형성된 공감대에 머리를 끄덕이고
기포처럼 발산된 엔도르핀이 머리에서 발끝을 숨 가쁘게 오고 가며
같은 곳 꼭지점을 우리가 되어 바라보고 싶다.

습기가 만연해 더욱 감미로운 음악이 비좁은 차 안을 채우고
미세한 전류가 잠자던 세포들을 일으켜 세워
마주잡은 손에서 손을 왕래하며 순회할 애틋한 마음 하나
소중히 담아들어 간직하고
물처럼 바람처럼 낮게 또한 자연스럽게 흐르리라.
겸손을 안아보는 그런 여행을
올 봄엔 꼭 해보고 싶다.

그대 안에 머물고 싶습니다 I want stay with you • 137×137cm • 2009

# 소망

좋은 사람도 좋지만
괜찮은 사람이
객관적 관점으로
이 시대에 꼭 필요한 사람이 아닐까.

괜찮은 사람이란
늘 안면 가득 미소를 띄우고
온화한 표정으로 상대방을 대하며
나지막한 고운 말씨를 조심스레 구사해야 한다.

단정하고 다소곳한 행동으로
어느 곳에서나 있는 듯 없는 듯 고요하며
정직하고 바른 일상에서 파생된 타인을 향한
긍휼의 마음과 나눔을 늘 실천하고
가득 채워진 학식과 지성과 인격이
은은히 배어 나오는 사람일 것이다.

백리까지 향기를 보내는 난향처럼
인품이 고결하고 언제나 자신을 앞세우지 않고
겸손한 사람

가슴엔 원대한 포부의 꿈이 있고
그 꿈을 위해 부단히 노력하는
절차탁마의 열정이 있을 것이다.

자신을 위한 이기심은 멀리하고
타인을 먼저 배려하는 이타심의 언행으로
욕심이 적고 자족할 줄 알며
어느 곳에서나 그가 머무는 곳에 화이부동을
창출해 내고 또한 추구하는 사람
그런 사람은 참으로 괜찮은 사람이다.

시대에 꼭 필요한 사람 그런 괜찮은 사람이 만연하여
오늘날 각박한 현실에서
살기 좋고 평화로운 세상이 이룩돼
모두가 마음놓고 서로를 아끼며 행복한 내일을
추구하는 세상
그런 사회라면 얼마나 좋을까.
괜찮은 사람이 되기 위해 자신을 돌아보며
또 닦아 고결하고 싶은 소망을 안아본다.

# 사랑 3

사랑은 눈물인가
그립고 보고픈 마음을 가지고
잠시 생각에 잠기면 싸한 눈물이 촉촉이 맺혀지고
초점이 흐려져 먼산으로 시선을 던져둔다.

사랑은 가슴인가
호흡이 가빠지고 맥박이 빨라지며
혈관을 순회하는 적혈구들이 숨가쁘게 오고 가며
가슴이 두근두근거리고 손 끝이 가늘게 떨려온다.

사랑은 봄 햇살이 아닐까
따사로운 온기가 기포처럼 발산되고
눈 속을 채우는 모두가 아름다우며
파릇파릇 들녘을 키우는 햇살처럼 영롱하고 싱그럽다.

사랑은 태양인지도 모른다
온통 그를 향해 해바라기하며
멀리 있어도 가까운 듯
호흡이 느껴지고 체온이 전달돼 오며
그려지고 보고 싶고 만나고 싶어지는 것.

富貴圖 Painting of rich and noble • 70×68cm • 2009

# 부치지 못한 봄 편지

당신의 그윽한 미소가
하얀 목련 꽃잎 위로 겹쳐올 때
애처로운 나의 마음 하나
미세하게 떨려온다고는 쓰지 말자.
그저 목메이도록 보고 싶다고만 쓰자.

문득 혹은 울컥
그리움이 밀려와
혈관을 따라 흐르던 적혈구들이
역류한다고는 쓰지 말자.
그저 숨이 막히도록 보고 싶다고만 쓰자.

한잔의 커피 모카골드향 가득
당신이 남긴 체취가 배어나
입안 가득 물고 두 눈을 지그시 감아
음미한다고는 쓰지 말자.
그저 바라보고 있어도 행복하다고만 쓰자.

종일토록 근면하던 붓 한 자루
잠시 놓아 두고
먼 하늘에 시선을 던져놓으면
슬며시 코끝이 시큰하다고는 쓰지 말자.
때로는 사랑도 고통이지만
당신을 사랑한다고만 쓰자.

홀로 있어도 외롭지 않네 I'm not lonely be alone • 70×137cm • 2009

해바라기처럼 Like a sunflower • 68 × 69cm • 2009

# 사랑하는 당신에게

그대는* 그냥 좋고
그대는 마냥 좋으며
더욱 당신이 좋습니다.
그대는 나를 행복하게 하고
나를 뿌듯하게 하며
오늘도 나를 즐겁게 합니다.
그대는 매일 새로이 나아가게 하고
매일 할 일을 제공해 주며
그대는 나로 하여금 또 다른 꿈을 꾸게 합니다.
그대는 어제와 다른 오늘 새로이 단장하고
오늘과 다른 내일 또 다른 분장을 할 것이며
가까운 미래에 변장의 세계로 나를 데리고 갈 것입니다.
그대는 법을 초월해야 하고
구분지어진 장르를 넘나들어야 하며
온갖 색들을 이끌고 추상으로 거듭나야 합니다
누구도 가보지 않은 미래의 그대 모습
새로이 태어나 줄 그대의 출생
그대여
건장한 청년으로 완숙한 장년으로의 성장을 기원합니다.
온 정열을 다 바쳐 그대를 아끼고 사모하고 사랑하렵니다.

*나의 그림

# 나 당신의 친구이고 싶어라

나 당신의 단 하나 사랑이고 싶어라
당신을 사랑하고 그대를 사모하여
넓은 가슴 모두 차지한
단 하나 사랑이고 싶어라.

나 당신의 단 하나 그리움이고 싶어라
외롭거나 슬프거나 쓸쓸하고 적적할 때 떠올려져
언제든 찾아 나선
당신의 그리움이고 싶어라.

나 당신의 위로이고 싶어라
이 세상 살아가며 혹 손해를 보았거나
억울한 일을 당했을 때 분함을 녹여 내고 삭여 내는
당신 곁의 위로이고 싶어라.

나 당신의 친구이고 싶어라
마음을 열어놔도 전부를 보인다 해도
이해하고 또 이해하여 포용하고 감싸안을
나 당신의 진실한 친구이고 싶어라.

꿈 Dream • 63×80cm • 2009

# 연인들 이야기

하루에도 몇 번씩 전화를 하고 싶고
하루에도 몇 번씩 보고 싶으며
하루에도 몇 번씩 서로의 소재가 궁금하다.
우리는 빛이 없어도 따스하며
우리는 어둠 속에서도 느낌으로 알 수 있는 연인
비가 오면 빗줄기 속에 먼저 떠오르고
바람 불면 바람 따라 다가온 모습을 그린다.
늦은 저녁이면 더욱 선명한 그리움으로
슬며시 다가와 말을 걸기도 하고
남겨진 흔적의 꼬리를 무심코 따라나서기도 한다.
고요가 깃을 친 한가로운 오후녘이면
찻잔 가득 어리는 웃음진 미소 곁으로
연인의 나지막한 속삭임은
나른해진 육신을 일으켜 세우곤 한다.
이슬보다 영롱하고
바람보다 보드라우며
햇살보다 따스하고
별빛보다 아름다운
당신은 나의 연인
은하수처럼 영원하고
강물보다 고요하며

산처럼 그윽하다.

그대여

바다보다 깊은 정으로

우주처럼 넓은 마음으로

철쭉보다 강열한 사랑으로

포용하고 감싸고 교감하길 기원하는 우리는

연인

자, 놀자 Let's play • 70×45cm • 2009

# 파리들…

동창회를 위해
정겨운 얼굴들이
전국 각지에서 문경으로 모여들었다.
분주한 손놀림의 식당 아주머니들
눈코 뜰 새 없이 바쁜 틈을 이용해
파리떼들이
가지런한 보쌈 위로 사뿐히 날아들 때
깜짝 놀란 B친구는
휘휘 팔을 저어
파리들을 쫓으며

아주머니
얘들 목욕시켰지유?

달콤한 슬픔 Sweet sorrow • 68×70cm • 2010

# 아이와 소

많은 사람들 발걸음들이
분주한 2호선 지하철 안에
다섯 살쯤 되어 보이는 사내아이가
소리를 지르고 좌석을 오르락내리락
막무가내 행동으로
온통 승객들의 시선을 모아도
모두 수용하는 아이 엄마
무심한 듯 한심한 듯 바라보던 할머니들은
눈살을 찌푸리며
요즈음 애들은 소젖을 먹여 키우니
소를 닮아 가네요.

한가로운 날의 오후 Afternoon of a peaceful day • 70×53cm • 2009

# 갖고 싶은 친구여

친구여
이렇게 불러 보고픈 나의 친구여
지금은 어디서 무얼 하는가.
엊그제 내린 눈이 높은 기온으로 녹아내리듯
얼어버린 우리들의 마음을 서로 교감하면서 녹아내리는
만남은 아름답구나.
친구여
이토록 고요가 찾아든 나의 작업실에
묵향이 발효를 거듭할 때면
함께 따끈한 커피를 나누고픈 나의 그리운 친구여.
영혼의 무게에 온 신경을 기울이고
자신을 낮춰 겸손할 줄 알며
남을 배려할 줄 알고 역지사지의 마음으로
상대방을 헤아릴 수 있는 나의 친구여.
자기가 만든 자신이 남길 뒷모습을 염려하며
준비하는 친구여
어느 곳에서나 해처럼 밝고 달처럼 그윽하며
별처럼 영롱하게 빛나는 나의 친구여
말은 그 사람의 내면이라 말의 품위가 있고
글의 품격이 있으며 행동의 격을 고루 갖춘 친구여
내가 외로울 때 위로해 주고 슬플 때 함께 해주며

혹은 쓸쓸할 때 달려와 줄 수 있는 친구여.
침묵을 천금처럼 여겨 불필요한 말을 삼가고
꼭 필요한 웅변만을 할 줄 아는
친구여
우리 서로의 행복과 발전을 기원해 주고
한껏 박수 보낼 줄을 아는
나의 친구

더불어 Together • 66×37.5cm • 2010

# 그립습니다

당신은 도적입니다.
나의 가녀린 마음을
모두 훔쳐갔습니다.

당신은 눈물입니다.
날마다 그리움으로
베갯머리를 적시게 합니다.

당신은 바람입니다.
나의 가슴 곳곳에
스며들어 마구 흔듭니다.

당신은 비수입니다.
나의 심장은 저린 설레임과
통증으로 시달립니다.

당신은 영화입니다.
두 눈을 감아도 두 눈을 떠도
당신의 일상이 필름을 풉니다.

당신은 잔인합니다.

밤마다 나는 불면증으로
시달리며 헤매이다가
새벽을 맞이하곤 합니다.

당신은 사랑입니다.
당신을 사랑하기엔 벅차고
미워하기엔 너무나 너무나 그립습니다.

# 내 안에 짐승이 산다

내 안에 짐승이 산다.
내 안에 사는 짐승과 만나야 한다.
고요한 때를 가려
조용히 만나 잘 타일러야 한다.
누구를 원망도 말고
불현듯 성내지도 말고
타인을 부러워하지도 말며
네 것이 아닌 것은 욕심내지 말라고
간절히 타일러야 한다.

내 안에 사는 짐승을 달래야 한다.
네 능력과 네가 가진 것과
네가 아는 만큼만 너의 것이라고
그 이상은 탐심이며
분수를 알아야 한다고
조금이라도 교만하지 말고
단아함을 지녀 낮추어 겸손하라고
잘 달래보아야 한다.

내 안에 사는 짐승을 조용히 만나
윽박지르며 협박이라도 해야 한다
구름처럼 조용히 흐르라고
소슬바람처럼 강물처럼 있는 듯 없는 듯
고요히 흐르라고
오늘은 협박이라도 해야 한다.

결실 Fruition • 60.5×50cm • 2009

# 친구 이야기

함께 나누었던 필름들을 생각만 해도
기분이 상쾌하고
만나면 더욱 좋으며
바라볼수록 미소가 번져 정겨운
그런 친구가 있습니다.

장미처럼 정열적인 사랑보다는
모닥불 같은 은은함이 더욱 좋고
용광로처럼 이글거림보다는
물속에 담가둔 가로등 불빛처럼 상대를
더욱 돋보이게 하는 배려가 더욱 깊은 친구가 있습니다.

긴 팔 큰 포옹으로 언제나 감싸주고
큰 가슴 넓은 마음으로
늘 품어 안아 용해될 것만 같은
그런 친구가 있습니다.

혹은 외롭거나 혹은 쓸쓸할 때
즐겁거나 슬픔에 잠길 때라도 함께 나누고
위로와 사랑으로 마음을 다해 달래주며
이해의 폭을 넓혀 모두를 수용할 것만 같은

그런 친구가 있습니다.

세월이 쌓여 추억의 무게가 부피를 더해가고
많은 이야기가 필름을 간직할 즈음에도
변하지 않는 우정과 아낌의 사랑과
무한한 이해 속 배려의 폭과
무엇이든 감싸 안을 깊이가 보이지 않는 마음씀이
기포처럼 생성할 것만 같은 친구가 있습니다.

그리움 Yearning • 46.5 × 69.5cm • 2010

# 오늘도

오늘도 수다스런 참새의 모닝콜로 일찍 일어나 컴퓨터를 열고 대화를 한다. 보내온 편지에 답장을 쓰고 올라온 글들을 읽어 가며 미소 짓는 행복한 하루의 시작 속에서 조그만 거실을 채운 향기를 찾아 무성한 난잎 사이를 헤적이고 있다. 오묘한 난향이 폐부 사이로 가슴 가득 감전되어 젖어든다. 분주한 일상을 핑계로 돌보지 못해 늘 미안한 마음이었는데 어느새 꽃을 피우고 나의 전부를 차지하고 있다. 이처럼 나의 시가 누구의 가슴에 젖어들기를 소망해 보고 나의 그림이 누군가의 가슴에 남겨지기를 기원해 본다. 격을 갖춘 고고함으로 소리 없이 향을 피워내는 난처럼.

# 어디에 있을까

산처럼 듬직하게 기대어 사랑할 사람
그런 사람 하나 있으면 좋겠다.
언제나 포근하고 따스하게 사랑해 줄 사람
생각만 해도 가슴 벅차고 두근거려
떠오르면 눈시울이 젖어드는 사람
그런 사람이 내 곁에 머물면 좋겠다.

멀리 있지만 가깝게 느껴 오고
허전한 나의 마음이 다가가도 좋은 사람
좋은 글도 함께 읽고
아름다운 선율의 음악도 같이 듣고
커피 속에 담긴 그윽한 향기를 음미하며
담소를 나눌 수 있는 사람
그런 사람 어디 없을까.

여백의 숨결 따라 들려오는 그 음성이
가슴 가득 폐부로 스며 고여 드는 사람
품위 있고 지적이며 푸근하고 다정해
헤아림이 깊고 인품이 좋은 사람
그런 사람을 만나고 싶다.

연 A lotus leaf • 45.5×66cm • 2010

해바라기 Sunflower • 46×70cm • 2009

# 화가

며칠 전
인사동으로 향하는 지하철에서
매월 발행되는 월간지를 펼쳐들었다
서양화가가 자기의 이야기를 쓴 잔잔한 산문을 읽으며
고개를 끄덕이게 하고 슬며시 미소가 번졌으며
가슴 저 아래에서 뜨거운 것들이 치밀어 올라온다.

변호사가 돼 달라는 어릴 적 부모님의 바람을 저버리고
자기가 좋아하는 그림을 그리고 있노라 했다.
지명도도 있고 그림으로 생활을 영위하는 프로이지만
그러나 때론 진실로 화가 난다고.

화가란
그림이 팔리지 않아 화가 나고
알아주지 않아 화가 나며
작품이 풀려주지 않을 때 화가 난다고.

그래서
늘 화가 나서 그림을 그려야 하기에
화가라고 했다.

늘 화가 난 화가
그 화가가 나는 좋다.

# 당신 가슴은

재스민 내음으로 가득한 당신 가슴은
아랫목보다 따스하고 포근하며
연보랏빛 고운색입니다.

상큼한 산소가 생성하는 당신 가슴은
청자빛 넓은 화폭에
유유히 흰 구름이 흐르고
눈동자를 고른 별들이 반짝이며
환한 보름달 미소가 있습니다.

죽잎을 지나온 소슬바람이
순회하는 당신 가슴은
오페라의 운율이 고르게 일렁이며
몸집 큰 사랑이 차지했습니다.

동해의 태양이 떠오르는 당신 가슴은
이글이글 밀려온 파도가 폐부를 채우고
즐거움과 행복이 수를 놓습니다.

명경지수 호수가 된 당신 가슴은
달과 구름과 별을 담아들고
아지랑이 너울너울 피어오르는 당신은
한 폭의 그림입니다.

노을 속에서 In the afterglow • 66.5×40cm • 2010

눈 오시는 날  Snow day • 54.5×42cm • 2010

# 오늘

오늘도 미명에 눈꺼풀을 힘겹게 들어올리고
날이 밝기를 기다린다.
고요하다 적막하다
창밖에 나뭇잎이 미동도 없이 침묵한다.
아직 취침에서 깨어나지 않은 나무들
부지런한 새 한 마리가
입술을 들먹이며 날아들어 나뭇가지를 흔든다.
어느새 하늘은 파란 빛으로 모습을 바꾸고
고요히 연기를 들어 올리는 굴뚝들
분주할 하루를 예감처럼 예고한다.
움츠린 행인들의 비좁은 어깨가 흔들리고
날씨마저 을씨년스런 겨울의 한기가 깃 섶으로 파고든다.
초침은 여전히 똑딱이지만
놓아버린 희망의 조각들이 줄지어 늘어선다.
그래도 일어나야 한다.
주먹을 불끈 쥐고 다시 서야 한다
또 다시 떠오를 내일의 태양을 기다린다.
태양은 어디든 가리지 않고 찾아들어
비추고 따사로움으로 감쌀 것이다.
그래 오늘은 내일로 가는 지름길
어제와 내일을 잇는 통로이니
오늘을 꽉 채우자 빈틈없이 채우자.
붓을 들어 열과 성 그리고 희망은 아직 푸른 빛이라고 쓰자.

# 누군가를 사랑하는 일은 행복이다

누군가를 사랑하는 일은 전율하는 행복이다.
언제나 모습과 목소리를 떠올리고
남겨진 그리움의 끝을 잡고 다가가기도 하며
회색 빛 먼 하늘 가득 그려두고 가만히 음미하기 때문이다.

그 누구를 사랑하는 일은 슬픔이다.
모두가 궁금하고 모두 가지고 싶기도 하며
보고 싶어 애처로이 눈시울이 젖어들면
때로는 슬픔으로 숙연해지기 때문이다.

가슴에 사랑 하나 키우는 일은 고독이다.
매만지고 가꾸는 일은 모두가 쉬운 일이 아니듯
늘 보듬어 정성과 성실을 다해야만
거목으로 성장할 수 있기 때문이다.

사랑 사랑을 나누는 것은 감동이다.
애틋한 마음 하나 심장 깊숙이 심어두고
고요할 때 혹은 적적할 때 가만히 꺼내보면
할딱이는 숨결이 미소를 보내오기도 하고
세포를 일깨워 혈관을 순회하기 때문이다.

장미 Roses • 62×49cm • 2009

# 가을비

어제 밤부터 비가 내린다.
비는 언제나 차분함과 리듬을 가지고 창가를 노크하기에
비를 기리는 정열의 파초가 아니더라도
언제부터인지 알 수 없으나
비를 기다리며 비를 좋아하게 되었다.
가을비 내리는 새벽
어렵사리 비벼 뜬 눈꺼풀 사이로
가장 먼저 그리운 얼굴이
빗방울마다 맺혀 있다.
습기가 만연해 그림을 그리지 못하고
완전하게 공치는 날이지만
비님이 오시는 날은 그 곳에 애틋한 그리움이 머물러
때론 한 편의 시를 선물하기도 한다.
오늘 같은 날은
누구를 그리워하기에 충분한 시간과
누구를 떠올리기에 적당한 수분과
누구를 사랑하기에 알맞은 분위기가 조성돼
가슴에 꼭꼭 숨겨 두었던 그리움을
가만히 꺼내보는 나만의 여유
이 얼마나 가슴 떨리는 은밀함인가
이 얼마나 숭고한 바람이었던가.

이 얼마나 가슴 벅찬 환희란 말인가
사랑은 삶의 활력소이며
사랑은 영혼의 영양소이고
사랑은 꿈으로의 안내자로서
사랑은 이 세상을 이루고 있는 지배자이기에…….

새 봄날의 일기 Diary of the spring day • 62.5×40cm • 2009

우리들 이야기 Our story • 62.5×37cm • 2010

## 죽어서

누군가를 마음을 다하여 사랑하는 사람은
죽어서
하늘에 반짝이는 별이 되고

누군가를 몹시도 그리워한 사람은
죽어서
풀잎 위에 머무는 이슬이 되며

누군가를 죽도록 사모한 사람은
죽어서
아름다운 미소의 꽃이 된다고 했다.

나는 죽으면
슬픈 눈동자를 간직한 별도 되고
영롱한 아침이슬도 되며
순결한 꽃도 될 것만 같다.

# 당신은

당신은 혹시
자꾸만 보고파서
두 눈을 차라리 감아본 적 있습니까.

당신도 혹
너무도 그리워서
심장이 아파본 적 있습니까.

종일토록 때로는
수시로 떠올라서
뼈마디가 저려본 적 있습니까.

온통 무심한 봄꽃들은
나를 보며 웃는데
어느새 고인 눈물 슬며시
훔쳐본 적 있습니까.

귀가 Return home • 67×44cm • 2009

# 당신은 알지 못합니다

내가 얼마만큼 당신을 사랑하는지 당신은 알지 못합니다.
그림을 그리다 먹물 묻힌 붓 한 자루 잠시 놓아두고
보고 싶고 그리워 슬프도록 북받쳐 오르는 감정을
누르고 또 누르고 혈관이 수축하는 통증의 아픔이 있음을
당신은 알지 못합니다.

내가 얼마만큼 당신을 그리워하는지 당신은 알지 못합니다.
햇살이 화창하고 실바람이 화실 창으로 슬며시 스며들 때
너무나 그리워 머리가 띵 해오고 초점이 흐려져
사물의 분간마저 어려운 한낮
판단이 흐려지고 책 속의 활자가
뭉뚱그려져 보이는 순간이 있음을 당신은 알지 못합니다.

내가 얼마만큼 당신을 기다리는지 당신은 알지 못합니다.
당신을 그리며 기다리다 차라리 미움이 생성하여
모두 놓아버리고 이 구속에서 벗어나 자유를 갈구하고픈
순간마저 생성함을 당신은 알지 못합니다.

내가 당신을 얼마나 보고 싶어 하는지 당신은 알지 못합니다.
보고 또 보고 생각하고 또 생각하다
머리를 흔들어 떨어버리려 해도
또 다시 보고 싶어져 침을 꿀꺽 삼키며 내지른 외마디
보고 싶다는 저린 절규를 당신은 알지 못합니다.

내가 당신을 얼마만큼 좋아하는지 당신은 알지 못합니다.
당신의 일상이 영화 속의 필름처럼 언제나 차지한 뇌실 가득
눈썹 끝에 매달린 피로가 다가올 하루를 예견해도 또 다시
찾아 나서고야 마는 습관을 당신은 알지 못합니다.

내가 당신을 얼마만큼 사랑하는지 당신은 알지 못합니다.
사랑한다는 말로는 표현이 불가능하고
보고 싶다고 두 눈을 감아 버려도 슬며시 이슬이 맺혀지며
가슴에 꼭 안아보아도 허허로운 당신이
원망마저 서러운 이 마음을 당신은 알지 못합니다.

지금은 감지하지 못하므로 애태우는 갈증만 더해 갈지라도
언젠가는 느낌으로
혹은 마음을 담은 텔레파시가 도달하겠지만
혹여 느끼지 못하고 그대로 추억으로 남겨질지라도
모두는 운명이라 여기며 아름다운 마음을 고이 간직함도
당신을 사랑하는 나의 숙명이라 여깁니다.

먼 훗날 아주 오래 세월이 흐른 뒤
서로의 기억에서 멀어지고 잊혀도
퇴색한 일기장엔 그대는 영원히 나의 사랑이고
반짝이던 별이었으며 희망으로 모든 뇌세포를 일깨웠고
예술혼의 감각을 자극해 그림을 그리게 하였음은
소중한 인연의 결과임을 자인하며
내가 얼마만큼 고마워하는지 당신은 알지 못합니다.

# 외로움

어제는
구름도 외로워 비가 되어 내리더니
매미도 외로워 목청을 높이네.
나뭇잎도 외로워 손사래를 치고
거미들도 외로워 밤이면 나뭇잎들을 서로 이어 준다네.
그 외로움
나만의 점유물이 아니라니
그 얼마나 다행인가.
그 놈에 외로움은 이곳저곳을 넘나들며
손을 잡고 함께하자 하더니
외로움도 외로워 이곳저곳을 기웃거린다네.
친구여
세상은 사랑과 우정과
그리고 외로움으로
숲을 이룬 것이 아닌가 하네.

어느날의 추억 Memory of someday • 62×46cm • 2009

# 신의 선물

우리의 영혼은 자신을 다 바칠 진실한 사랑을 원한다.
영혼이 잠에서 깨어나기만 하면 탐구가 시작된다.
사랑은 영원히 우리를 절실하게 만들고
절실한 그곳에 영혼의 동반자를 발견하는 순간
삶 속에 생성된 사랑이 우리에게
얼마나 큰 선물인가를 깨닫게 된다.
육체가 공기를 원하듯 영혼은 사랑을 필요로 하고
모든 날들은 신이 주신 날들이라 단정하기도 하며
사랑은 영혼의 본성이라고 간주하기도 한다.
사랑을 시작하면 두려움은 용기로 변하고
공허감은 충만함으로 변모되며
상대와의 거리감은 가까움이 된다.
고로 한계를 뛰어넘어 사랑을 할 수 있으며
영혼의 동반자와 함께 있을 때 그대를 영원의 잠에서 깨운다.

사랑은 우리 존재의 가장 깊은 본성이며 영혼의 자매다.
사랑은 새로운 영토로 그대를 데려가게 되고
사랑은 최고로 값비싼 선물이며 축복으로 여길 것이다.
사랑은 신의 본성이며 인간 존재의 가장 진실한
창조적인 모습으로서
사랑은 늘 꿈꾸어온 영혼의 동반자를 발견하는 순간

인간 존재의 의미를 바꾸어 놓는다.
사랑이 깊을 때 그대의 지성은 부드러워지고 자비로워져서
또한 세상을 보는 눈이 매우 넓어지고 너그러워진다.

사랑은 친절함과 친밀함 그리고 애정 속에서
하나됨을 느낄 때
그것은 곧 자유로움으로 변환한다.
누군가를 사랑할 때 걸인과도 같은 허기진 욕망에서
비로소 자유로워지기 때문이다.
그대는 사랑의 감정에 사로잡힌 영혼 속에서
부드럽고 고요한 행복감을 발견할 것이다.
그대는 한 사람의 육체를 만나기 전에 그의 영혼을
먼저 만난다.
영혼과 육체를 함께 만날 때 그대는 비로소
그 사람의 세계로 들어가게 될 것이다.
사랑의 행위 속에서 기쁨과 황홀감은
믿을 수 없을 만큼 커질 것이며
그것은 두 사람의 내면에 사랑의 샘을 일깨워
두 영혼이 하나가 되기에
육체는 그대 영혼의 집이며 매우 신성한 신전이기 때문이다.

# 토요일에 생긴 일

토요일 오후 인사동엔
어두움이 외투처럼 도시를 감싸고
맴도는 인파의 소음들만 빈 하늘가에 메아리쳤다
숙적 일본을 물리친 올림픽에 출전한 야구는
강팀 쿠바를 맞아 선전을 펼쳐
금메달을 획득할 때
쪼끼쪼끼 생맥주집에 삼삼오오 둘러앉았다.

입속을 채우는 시원한 호프로 알콜은 목젖을 가득 메우고
서서히 위를 향해 질주하여 혈관에 편승한 취기가
아지랑이처럼 즐거움을 나른다.
이마를 마주한 채 술잔을 높이 들고
따스한 눈빛을 교감하며
보드라운 우정의 길을 닦는 유쾌한 담소를 즐기는데
한권씩 손에 든 나의 시집 '사랑을 해본 사람은 안다' 의
영향일까.

자연스레 옮겨간 사랑이란 주제를 놓고
한 친구가 사랑은 절대적 믿음이라고 했다.
그의 뒤를 이어 다른 친구는 사랑은 그리움이라고 말하니
시작은 그리움이지만 지속은 믿음이라나

가만히 듣고 눈동자의 동공을 키우던 또 한 친구는 사랑은
동사라고 언제든 움직이며 어디로 움직일지
알 수 없다는 말일 것이다.

조용히 턱을 고이고 침을 꿀꺽 삼키고 있던 앞에 앉은 친구가
사랑은 희생이며 이해라고 상대방을 모두 이해하고
또 이해하는 것만이 사랑의 지속이기에 필연적으로
희생이 따라야 한다고 했다.
옆에서 머리를 조아리던 또 다른 친구가 사랑은 이기적이라고
자기만 믿고 자기만 보고 자기만 생각하며
자기만 사랑해야 한다고 요구하기에
지독히 이기적인 것이 사랑이라고 목소리의 볼륨을 높였다.

또 다른 친구는 사랑은 그리움으로 시작하여
불신으로 끝난다고
오랫동안 사랑의 지속은 불신을 하지 않고
신뢰해야 한다는 말일 것이다.
모두들 이제껏 살아오면서 각각의 경험과 사색을 통해
얻은 결론이리라.
서로 눈과 눈이 마주쳐 사랑을 하는 데는 일분이 걸리고
그 사랑을 잊기까지는 평생이 걸린다고 했다.

기쁨과 행복 그리움과 환희로 다가왔던 열정적 사랑도
동사의 본능을 이탈하지 못하고 희생과
믿음의 완벽을 벗어나지 못하고
이기심으로 점철된다면 끝내
아픔과 저림 그리고 고통을 남긴 채 시간이 흐른 후
추억이라는 미명으로 서서히 몸체를 바꿀지도 모른다.

지금 푸르른 잎사귀 사이 목이 터져라 울부짖는
매미들도 사랑을 부르고 있다.
이제 중년을 넘어 영혼의 동반자와
미숙하지 않은 성숙된 정신세계를 이뤄
이기적도 불신도 모두 멀리 보내고
희생과 이해와 믿음과 아량을 듬뿍 지녀
부디 친구들의 가슴에 기하급수적으로 분열하는
사랑의 세포들이
영원하기를 기원해 본다.

금강산 소견 View of Mt. Geumgang • 68×70cm • 2010

# 가을이 오는 길목에서

어제는 무척이나 바쁜 하루였다.
분주한 행보 사이 사이
만난 사람들 속에는
인품이 좋은 사람과
그에 반비례하는 오만한 사람도 있고
겸손으로 점철되어 침묵하는 사람도 있었다.
은근히 물질을 자랑하는 사람도 있었으며
얕은 지식을 내보이고 싶어하는 사람도 끼어 있었다.
그들 각각의 모습은 바로 와 닿아서
슬며시 가르침을 건네주는 사람들로
폐부 가득 체험한 어제
잠들기 전 조용히 하루를 회상하며 가슴에 담아 본다.
일상 많이 야기되는 상황 속에는
사람들의 속마음이 훤히 보여서
나의 남겨질 뒷모습을 생각하며 배우게 했다.
조용히 반성하게 한 必有師들.

바람 Wind • 68×70cm • 2009

그대여 You • 70×68cm • 2009

# 이유

아침 햇살이 이토록 찬란한 것은 그대가 내 곁에 머물기 때문이고 홀로 있어도 미소가 번짐은 그대의 온화한 모습이 떠오르기 때문이며 오늘 하루가 보람으로 채워진다면 그대의 관심속에서 성장하기 때문으로 내일을 예견하고 꿈을 키우는 것도 그대 사랑이 잔을 채우기에 충분하기 때문입니다.

# 술 2

얼마 전 방영한 티비 프로그램엔
육이오 때 격전지였던 철원에서 전사해
오랜 세월 땅속에 묻혔던 유골을 힘겹게 찾아 내어
그가 어디 살던 누구인지
무속인의 도움을 받아 보기로 했다.
그의 혼령을 불러내 무속인의 입술과 육신을 빌려
질문과 답변을 주고 받아 신분을 알아내자는 프로젝트였다.
이십일 세기지만 존재 여부가 불확실한 그 영혼
아직도 아니 영원히 확인되지 않을 부분이기도 하다.

육체를 빌릴 때만 실체를 보이는 것이
어찌 혼령뿐이랴.
다소곳이 병에 담긴 알코올도
화려하게 온갖 치장을 하고 진열되어 있지만
사람의 육체를 빌릴 때 비로소
그 실체를 드러냈다.
거친 손길을 마구 휘두르기도 하고
꼭 다물었던 입술 속 혀끝이
날카로운 칼이 되기도 했다.
천사의 모습을 할 때도 있지만
때론 험악한 악마가 되기도 하는 술.

그리움만 쌓이네 The heart grow fonder • 68×70cm • 2009

그대는 나의 안에 You are in my mind • 68×70cm • 2009

# 운명인 것을

해가 기울고 별이 차지한 하늘도 약속입니다.

봄이 지나가고 가을이 다가온 것도 약속입니다.

꽃이 피고 열매가 맺혀 익어감도 약속입니다.

모든 것은 필연 속에서 약속으로 이루어지는데

우리가 서로 마주보며 미소를 나눔도 인연일진데

따로이 무슨 언약이나 약속이 필요하겠습니까.

그대와 나에게 다가온 필연적 운명인 것을.

# 내가 좋아하는 사람

내가 좋아하는 사람은
자신보다 남을 먼저 배려할 줄 알며
양보하는 사람이었으면 좋겠습니다.

내가 본받고 싶은 사람은
불의한 일에 분연히 일어서며 의를 위해
혼신을 다하는 사람이면 좋겠습니다.

내가 믿는 사람은
내일의 꿈을 희망으로 키우며
오늘도 내일도 최선을 다하는 사람이면 좋겠습니다.

내가 곁에 두고 싶은 사람은
가슴에 참된 사랑을 실천하며
이웃의 아픔을 외면하지 않는 사람이면 좋겠습니다.

내가 의지하는 사람은
마음이 따스하여 온기가 흐르고 눈물을 아끼지 않으며
모든 일에 후한 사람이었으면 좋겠습니다.

내가 존경하는 사람은
도량이 넓어 사소한 실수나 잘못을 덮고도 남는
가슴이 깊은 사람이면 좋겠습니다.

내가 생각하는 사람은
자기가 한 약속만은 반드시 지키며
자기가 한 말을 책임지는 사람이면 좋겠습니다.

내가 사랑하는 사람은
헛된 언약과 행동 빈말 등은 절대 하지 않으며
진실만을 생명처럼 소중히 하는 사람이면 좋겠습니다.

# 보름달

간절히 염원한다면
전화해 줄지도 몰라

절실히 그리워하면
우연히 만날지도 모를 일

외로움이 머문 창가에
남겨진 그림자만 선명한데

빈 하늘 보름달은
그저 그저 웃네

結實 Fruition • 70×135cm • 2008

# 가을 기도

이 가을엔 외롭게 하소서.
외로움은 고독이라 고독은 사색으로 가는 길임을 깨달아
자신을 돌아보고 또 반성하며
다가온 마음들을 역지사지로 헤아릴 수 있도록
외롭게 하소서.

이 가을엔 결실하게 하소서.
작열하던 여름날 공급된 햇살 속에서 발효된 비타민과
주렁주렁 매달린 열매 가득 담긴 진한 당분처럼
나 또한 시며 그림이며 수작으로 결실하게 하소서.

이 가을에 벗 하나 보내 주소서.
먼 하늘 철새들의 비상 아래
흔들리는 억새들의 춤사위에 편승하며
손톱만한 조각달 사이 구름이 가슴으로 담겨 흐를 때
시를 논하고 인생을 논하며
한 잔의 차를 혀 속에 가두고 나눌 벗 하나 보내 주소서.

이 가을엔 어딘가 떠나가게 하소서.
변화된 자연의 오묘한 색감과 누런 황금 풍요의 들녘과
한 아름 낳아 매단 호박들의 모습에서

새로이 발견한 오늘의 현실을 직시하고
기다리고 기다리며 노력하고 달려간다면
크게 크게 웃음 지을 그날을 분명 예견하게 하소서.

이 가을엔 사랑하게 하소서.
저 붉은 단풍잎처럼 상기된 마음 하나 둘 곳 몰라
헤매이던 때를 이제 멀리하고 온전히 길을 내어
영혼과 영혼이 만나 하나가 되고
마음과 마음이 일치하여 소통되는
그런 인연으로 아름다운 사랑하게 하소서.

그리움 Missing • 70×70cm • 2009

# 선운사에서

바알갛게 흐드러졌던 동백꽃을 보낸 자리에
애절한 상사화가 이루지 못한 사랑을 호소하고
선운사 경내는 어두움이 포근히 내려온다.
잿빛 가사 위로 붉은 장삼자락을 드리우고
목탁을 손에 든 스님들이 흰 고무신을 벗어놓고
각각 법당으로 들어선 다음 목례를 올린다.
두 무릎을 꿇어 겸손한 자세로 머리를 조아린 후
목젖을 타고 반야심경 천수경이 구성지게 흐르며
이따금 머리 숙여 경배를 했다.
외롭게 서있던 석등들이 하나둘씩 불을 밝히고
침묵하던 산들마저 모습을 숨긴 후
법고를 준비하는 익숙한 스님
숙련된 리듬으로 울어대는 법고 소리.

이제 쉬라는 소리이고
손을 놓으라는 시각이며
모든 만물을 잠재우려는 알림이라 했다.

고요한 경내 수다스럽던 산새들도 숨을 죽이고
선운사 노스님의 잿빛 가사가
에너지를 모아 범종을 타종하니

웅장한 전율은 나래를 이끌고 개울을 건너며
다리를 건너 숲을 지나 마을로 더듬더듬 내려가고
잔잔하고 낭랑한 리듬은 밀림을 가까스로 거슬러 오르며
두근거리는 나의 폐부 속으로 슬며시 파고들었다.

첫 번째 울림은 모두 버리라 하더니
두 번째 울림은 전부 품으라 한다.
세 번째 울림은 나누고 베풀라 하고
네 번째는 언제나 어디서나 뒤를 돌아보라 했다
다섯 번째 울림은 서로 함께하라 하고
여섯 번째 울림은 늘 깨어 있으라 했다
일곱 번째 울림은 잊어야 할 것은 어서 잊으라 하며
여덟 번째 울림은 주워 담으라 하고
아홉 번째 울림은 어떤 말이든 들으라 했다.
열 번째 울림은 받은 것은 반드시 기억하라 하고
열한 번째 울림은 너의 맡은 바 일에 열정으로 힘쓰라 했다.
열두 번째는 서운함도 서러움도 용서해야 한다고 하며
열세 번째 울림은 늘 고마워하고 감사하라 했고
열네 번째 울림은 이 세상 모두를 아끼고 사랑하라 했다.
........

영원히 Forever • 400×140cm • 2010

# 오늘을 보내면서

오늘을 살면서
그리운 사람이 있다는 것은 가슴 뛰는 일이다.
여백이 머물러 잠시 숨을 고를 때
그려보며 젖어보고 음미하는 시간은
일곱 빛깔 무지개처럼 황홀함을 가져오기 때문이다.

오늘을 지나면서
보고픈 사람이 있다는 것은 가슴 벅찬 일이다.
해가 기울 무렵 또 별이 하나둘씩 모습을 드러낼 때와
어젯밤처럼 환한 보름달이 대해 같은 하늘을 차지할 때
보고픈 사람이 있다는 것은
내일의 희망을 불러오기 때문이다.

오늘을 회상하면서
사랑하는 사람이 있다는 것은 두근거리게 행복한 일이다.
베개 위에 하루를 눕히고
일상의 하루치 필름을 풀어보는 시간은
사랑하는 사람이 슬며시 행복한 미소를 안겨주기 때문이다.

오늘을 보내면서
지켜봐 주는 사람이 있다는 것은
아직 꿈이 존재한다는 것이다.
누군가를 떠올리며 그림을 그리고
누군가를 그리며 시를 씀은 목적과 과정이 선명하여
더욱 열정으로 한판 붓과의 씨름을 가늠할 수 있기 때문이다.

노을 속 우리들 이야기 Our story in the glow • 110×70cm • 2010

# 사랑하는 사람아

사랑하는 사람아
우리 같이 호숫가 언덕에 조그만 집을 짓고 살고 싶다.
어느 날 호숫가에 해오라기 날아들어
긴 다리로 어정거리며 이곳저곳을 염탐할 때
한잔의 모카골드 커피를 마시며
사알짝 거동을 살펴봄도 좋으리.

사랑하는 사람아
겨울을 지낸 언덕 가득 녹색잎이 돋아날 때
감물 든 눈빛을 서로 응시하면
뭉클한 사랑이 왕래하며 교감할 것이고
연둣빛 잎사귀를 손끝으로 쓰다듬어
희망을 적어봄도 좋으리.

사랑하는 사람아
호수 가득 산들이 가을을 입고 잠길 때쯤
성급한 철새들이 무리지어 날아들고
흰 구름 몇 점마저 물속으로 스며들면
당신과 나 손을 꼬옥 잡고 오솔길을 산책함도 좋으리.

사랑하는 사람아
고요한 호숫가에 어두움이 내려서고
하나둘씩 별들이 눈동자를 키우면
감미로운 선율을 거실 가득 채워 하루를 회상하고
내일을 가불하며 설록차 향기를 따라 순회함도 좋으리.

사랑하는 사람아
당신과 함께라면 이 세상 어느 곳인들
안 좋은 곳 없으리.
당신이 머문 곳이라면 어디인들 마다하리.
나는 당신의 사랑을 먹고
당신은 나의 사랑을 입으며
호숫가 언덕에 오순도순 살고 싶다.

# 여백

나의 마음 한쪽을 비워두련다.
어느 날 당도해줄지도 모를
그 사람 마음 머물 수 있도록

시선 한곳을 남겨두련다.
늘 그려보는 그 사람 모습을 담아두고
틈새마다 되새겨 보기 위해

하루의 일부를 비워두련다.
그 사람과 마주하고 앉아
한잔의 차를 마실 수 있도록

내 인생의 절반을 맡겨두련다.
늘 생각나고 늘 떠나지 않는
당신을 사랑하련다.

그리움이란 Longing is... • 68×70cm • 2009

그 사람 있었지 There was a man • 69×70cm • 2009

# 술 3

얼마나 한이 많으면
저 사람의 입을 빌려 토해낼까.

얼마나 지쳤으면
저 사람의 몸을 빌려 비틀거릴까.

얼마나 원망스러우면
저 사람의 손톱을 빌려 할퀼까.

모두 부질없다고 다 놓아두고 버려두고
이젠 지쳐 죽은 듯 잠든 술.

# 비에 젖은 설악에서

붉게 물들지 않으면 사랑이라 말하지 마라.
모두 태우지 못하면 사랑이라 명하지 마라.
흔들리지 않으면 사랑이라 이름하지 마라.
젖지 않고 어찌 사랑이 성숙하며
애태우지 않고 어찌 사랑을 키우리.
사랑은 최선을 다하는 것이고
사랑은 양보하는 것이며
사랑은 늘 함께하는 거라나
동해의 파도도 밀려와 모래 위에 부서지고
소리 낮은 이슬비도 타는 단풍을 식힌다.
내설악 봉우리마다 구름도 내려오고
명상의 시간 법문들이 나래를 활짝 펴
고요한 심장 속으로 슬며시 기어든다.
계곡마다 물줄기도 서로 안고 흘러내릴 때
낙엽을 가득 안은 오솔길도 모서리를 돌아가고
꼬리를 편 독경소리도 가파른 절벽을 기어오른다.
그래, 사랑은 둘이서 하는 거고
사랑은 언제나 함께해야 한다고

그리움 가까이 Close to the longing • 35×140cm • 2009

사랑한다는 것은 Love is... • 70×205cm • 2008

# 속초 앞바다 파도와 바위 2

너와 나는 운명인가
우리 만남은 숙명인가

어제도 부딪쳤고
오늘도 다퉜으며
내일도 겨룰 것이다

기어오르고 또 덤벼보고
밀쳐내고 떠밀어보며
입술 가득 거품을 물 때

깜짝 놀란 갈매기 떼
날개를 퍼덕이며
중재의 열변을 토한다

# 폐허가 된 부대를 보고

체인으로 칭칭 동여맨 굳게 닫힌 철문 사이로
빛 바랜 추억들이 새싹처럼 돋아난다.
곤한 잠을 흔들어 깨우던 기상나팔소리 들려오고
일조점호 목청이 철책을 넘어왔다.
취사장 구수함이 허기를 돋우고
짬밥 그릇 수 헤아림이 국방부 시계던가
바짝 군기 들던 집총 제식훈련과 각개전투 훈련이여
구령소리도 드높은 구보 행렬 줄을 서고
내무반 우정들이 호쾌한 웃음을 데리고 왔다.

총검술 기합소리가 연병장을 떠돌고
주머니 가득하던 맛동산이 바스락 바스락
운동장 한 구석엔 녹슨 농구대가 긴 하품을 하고
짧은 치마에 긴 머리 찰랑대던 미스김의 면회소엔
이름 모를 잡초들만 키를 키우며
얼기설기 매어진 거미줄이 다 차지했다.
보초병 하품소리가 검은 하늘을 가르고
몰래 피운 담배연기가 반딧불처럼 반짝이며
고향의 그립던 어머니 적셔진 눈시울이 어린다.

젊은 장교들의 이글대는 가슴마다 마구 불 지르던

립스틱 짙게 바른 대폿집 마담 관능의 몸짓이
손을 내밀고
함부로 흘리던 헤픈 웃음이 허공에 흩어진다.
꽁꽁 묶여진 철문이여 열리거라.
굳게 맹세했던 전우들은 지금 다 어디에서 살고 있을까.
지난날의 일기장은 깨알같이 빼곡한 사연들을 넘기고
돌아갈 수 없는 옛 시절은 심장 속에서
가늘게 파닥이는데
목청껏 외치던 '진짜 사나이' 선율만 메아리로 맴돈다.

평화 Peace • 68×70cm • 2009

장미 Roses • 62.5 × 51cm • 2009

# 언제나 둘로 삽니다

하늘 속엔 별들이 살고
산 속에는 새들이 살듯이
갈대는 실바람과 살고
빈 들녘은 허수아비와 살듯이
어느 날부터일까
나의 가슴 속엔 그대가 삽니다.
어디서든 먼저 와 말을 걸고
어디서나 앞서 와 미소를 보내고
언제나 나의 안에 출렁이는
당신과 둘로 삽니다.

그리운 당신 Missing you • 70×137cm • 2009

# 시가 뭐길래

사랑을 하면 엔도르핀이 생성되고
마냥 즐거워 모두가 희망으로 가득하며
암세포마저 분열하기에 가장 좋은 약이라 했다.
사랑은 시인에게 약일까 병일까
시인들이 모여 문학지 발송 작업 후
회식자리에 둘러앉았다
E시인은 사랑을 안 하니 시가 안 써진다고 하고
S시인은 사랑보다는 시를 위한 사랑을 하고 싶다고 했다
D시인은 달콤한 사랑 후 이별이 시의 산실이라고
이별 후 한 달이 가장 절절하다고도 했다.
가슴 저린 이별을 갈망하는 시인들
시… 시가 뭐 길래

# 주례사

주례사는
사랑은 자기중심적이고
사랑은 매우 이기적이며
사랑은 줄 때도 있지만 받으려 한다고 했다.

사랑은 때론 힘들게 해
밤새워 뒤척이며 울게도 하고
저린 고통으로 아프게도 하며
어쩌면 불완전하지만
가슴 설레며 잠 못 들게 하는 사랑은
삶을 아름답고 행복하게 한다고 했다.

이 세상에 가장 소중한 것은 사랑이라고
이해하고 용서하고 인내하고 관용하며
꼭 간직해야 하는 것이 사랑이라고
오직 사랑으로 살라고

행복을 창조하는 지름길은
서운했던 일을 가슴에서 지워버리고
좋았던 일만 기억하는 것이라고
오늘 서약으로 태어난 부부에게
주례는 열변으로 당부했다.

우리 사랑은 Our love • 35×137cm • 2008

# 오늘

오늘도
그대를 그리는 일과
그대를 생각하는 일과
그대를 사랑하는 일이
나를 맞이해 주리니
이 얼마나 즐겁고
평안하고 행복한 일인가.
얼마나 가슴 벅찬 환희란 말인가.

살아가는 일은 즐겁고
살아지는 시간은 행복하며
살아가고픈 희망으로 점철되어
서쪽으로 넘어간 태양은
햇살 가득한 내일로
또 다시 떠오르리니

그대여
들녘의 싱그러운 바람으로
새로운 희망이 파란 새싹을 밀어 올리리니
내일은 꿈이며 사랑이리
누구 가슴인들 이만 하며

누구 가슴인들 이토록 따스하며
누구 가슴인들 이토록 이글대리.

그대여
그대는 단백질 풍부한 영양소이며
그대는 잘 익은 과실 속 늘 푸른 비타민이며
그대는 엔도르핀 풍성히 샘솟는 에스트로겐이어라.

휴식 Rest • 62×55cm • 2009

# 시 그것은

며칠 전 문인화를 그리는 작가의 전화를 받았다.
서로 안부를 묻고
일련의 일상과 소식을 나눈 뒤 그는
그런데 "시가 돈이 되나요?"

해머로 한 대 얻어맞은 듯 멍한 상태가 되었다.
그림이 돈이 되고
시도 돈이 된다면
아마도 이 세상은 나에게 유토피아를 방불할 것이다
평생을 붓 한 자루 움켜쥐고 그림을 그리고
서예를 하고 시를 써왔기 때문이다.

서예와 그림을 일러 처음엔 손으로 쓰다가
다음엔 머리로 쓰다가
그 다음은 가슴으로 쓴다고 했다.
그러나 시는 가슴도 머리도 아닌
심장을 녹여 쓴다고 했다.
시인의 심장을 들여다 보거나 꺼내본다면
아마도 누더기로 너덜너덜하지 않을까.

사람이 걸어가야 하는 길은

첫째는 덕을 세우고
둘째는 공을 세우고
셋째는 학파를 세워
그것을 저술해야 한다는 말이 있다.
아마도 흔적 내지는 후대에게 남김이 아닌가.
시를 쓰고 시집을 엮어냄도 그 차원이 아닌가.

시인은 시인의 몫이 있다고 했다.
아름다움을 노래하고 감춰진 것 숨겨진 것들을 꺼내오고
이 세상을 맑게 밝게 깨끗해지도록
어두운 곳과 더러운 곳 꼬여진 부분들을 꼬집어
정화해야 할 의무가 있다고 했다.
며칠이 지난 지금도 뇌리가 맑지 않은 것은 왜일까.

# 몸살 나던 날

고분고분하던 위로부터 역으로 밀어 올리는 역겨움이
목젖을 타고 수분 간격으로 올라오고
평평한 등 가운데가 뻐근하고 뜨끔뜨끔거린다.
머리가 깨어질듯 흔들리더니 모두가 멍해오고
살 속에 담겨진 뼈들이 노근하더니
뼈를 감싸고 있던 근육들마저
슬며시 미세한 경련으로 일렁이다가
피돌기를 하던 적혈구들의 행진을 거부한다.

그래
이 세상을 살아가려면
역겨운 일들이 하나둘뿐이겠는가.
비위에 거슬린 일들을 어찌 다 열거하겠는가
참아야만 하는 것을
가볍게 넘겨야 하는 것을
그것이 삶의 순리이거늘
두 어깨에 버거운 짐이 어찌 나의 육신뿐이겠는가.
누구나 감당하고 누구나 지고 가야 하는 일상의 삶일진대

살아가면서 일어나는 아니 야기되는 일들은
순서를 정하지 않고 오기에 정리되지 않은 일상은

머릿속에서 가지런하지 않다.
늘 뇌실은 노출되어 있지만
버거운 짐을 감당하기 힘들다고
반란을 일으키면 어쩌란 말인가.

결실 Fruition • 150×45cm • 2009

그대 마음 Your scent • 68×61cm • 2010

# 바로 나

모진 겨울바람이 빌딩 모서리를 돌아 옷깃 속으로 파고드는 인사동에서 무참히 남의 말을 자르고 큰소리로 핏줄을 세우던 사람을 보며 등골이 서늘했고 얼굴에 교만이라고 써놓고 열변을 토하던 사람을 보며 순간 나의 모습이 떠오르며 질타한다. 지하철 계단을 하나씩 터덕터덕 내려오는데 웅크린 걸인 앞에 걸음을 멈추고 동전 몇 닢을 찾는 앞사람을 보며 심장이 가늘게 떨렸다. 三人行이면 必有我師인 것을

## 노인

까치산역 벤치에 앉아
조금 늦게 도착하는 친구를 기다리는데
옆자리에서 벼룩신문을 세세히 뒤적이던 노인은
눈동자를 모아 겨누며 핸드폰을 누른다.

“나이가 좀 들었는데
시켜만 주면 뭐든 할 수 있습니다.
비교적 건강하고 정신은 맑으며
얼마전까지 아파트경비를 했습니다.”

가정경제 현실일까.
아니면 평균 연령이 높아져 남겨진 여력일까.
구부정한 몸짓으로 총총히 발걸음을 재촉하는 노인을
찬바람은 따라가 옷자락을 어루만진다.

가족 Family • 140×162cm • 2010

당신 가슴 깊숙이 In your heart • 68×70cm • 2010

# 인연

일겁이란 사억 삼천만년이며
팔천겁을 지나야 부부로 만나고
구천겁을 지나야 형제로 맺어지며
천겁을 지나야 부모자식으로 맺어진다고
불교에서는 말한다.
흔히
옷깃만 스쳐도 인연이라는 이야기는
이미 전생에 한 겁을 지나온 것이라 했다.
오늘도 만나게 될 소중한 나의 인연들
가득 담겨진 오늘분의 친절과
긍휼한 마음과 애틋한 마음을
남김없이 다 쓰자.
그리고
내일은 밤새 새로이 고여진
사랑과 친절과 감사로
또 살자.

## 당신과 나

나 당신의 가슴에 숨 쉬리라.
해가지고 달이 지고 별들도 진 어두운 밤에도
반짝이는 빛으로 당신의 가슴에 나 숨쉬리라.

나 당신의 추억이 되리라.
먼 훗날 기억의 저편 깨알같이 쓰여진 일기장 속에서
언제나 미소를 머금은 당신의 추억이 되리라.

나 당신의 사랑이 되리라.
당신이 외롭거나 슬프거나 고독할 때 포근하게 감싸안아 줄
영원히 당신의 사랑이 되리라.

나 당신의 희망이 되리라.
당신은 내 안에 나는 당신 안에 교감하며 일치된 마음으로
기쁨을 주고 또한 받으며 내일의 희망이 되리라.

그리움은 머물고 Remain longing • 49.5×63cm • 2010

# 오늘도

당신을 생각하면
금세 미소가 떠오릅니다.
생각만 해도 좋고
함께 했던 날들을 잠시 추억해도 좋습니다.
기다리는 시간마저 행복으로 점철되고
만나면 더욱 좋아서
향기 나는 차 한잔을 사이에 두고
문학이며 인생이며 일상을 이야기해도 마냥 좋습니다.
당신과의 이야기는 아무리 해도 끝이 없고
잘 마시지도 못하는 한잔의 소주는 모든 혈관을 차지해
미로를 헤매게 하곤 합니다.
입가에 머문 잔잔한 미소에 세포는 경직되고
그저 시간 가는 줄 모르는 수다만 줄을 섭니다.
당신은 멀리 있어도 가까운 듯 느껴지고
곁에 머문 듯 포근해집니다.
당신을 만나지 못할 때는 그저
먼 하늘에 그려 두고
빙그레 미소 짓던 모습을 따라가도 좋습니다.
바라만 보아도 좋은 사람
생각만 해도 좋은 사람
당신이 있어 오늘도 행복합니다.

당신의 구수한 그리고 격이 있는 목소리는
언제나 귓가에 머물러 편안하고 좋습니다.
오늘도
당신과 길을 나섭니다.
당신 안에 그리고 나의 안에 머문 우리는
어깨를 나란히 함께하는 동행입니다

淸香 A fresh scent • 63×70cm • 2009

그대 가슴은 Your mind • 63×102cm • 2009

# 사랑 4

당신은 내게
너무 와서 탈
나는 당신에게
너무 가서 탈

# 가을 속에서

소슬바람이 살며시 불어오고
노랗게 물든 은행잎이 먼저 차지한 벤치에 앉아 카푸치노의 은은함으로 입 속을 채운 뒤 당신을 그리워하고 싶습니다. 파란 하늘과 눈부신 조각구름을 가슴 가득 안고 흐르는 한강가에 앉아 작은 돌 하나로 물수제비를 뜨며 당신을 그리워하고 싶습니다. 무성한 갈대가 바람 따라 흔들리는 가을들녘에 서서 점점이 멀어져가는 기러기 날개 위에 안부를 물으며 당신을 그리워하고 싶습니다. 가녀린 코스모스 한들거리고 산새 소리가 정적을 깨우는 한가로운 곳에 이르러 그윽하던 눈빛과 다정하던 목소리를 떠올리며 당신을 그리워하고 싶습니다.

당신이 보내주는 미소 Smile on your face • 69×70cm • 2010

향기 Fragrance • 19.5×27cm • 2010

# 폭설

백년만에 내린 폭설은
보이는 것을 모두 덮었다.
아니 덮어야 하는 일들이 많은가 보다

서운한 일도 덮고
아쉬운 일도 덮고
누구의 잘못도 덮고
전부 이해하고 용서하고 덮어두라고
그저 덮어놓고 덮어두라며
모두 덮었다.

그래 덮자
이 세상 이해 못할 일이 무엇일까
용서 못할 일이 어딨을까
덮자 머리카락이라도 보이면 끌어다 덮고
고요하라고 했다.

새로이 시작하자
새해에 새로운 마음으로 새로워지라고
하얀 눈 위에 햇살이 눈부시다.

당신은 알지 못합니다

2010년 2월 23일 발행

**저자** 최 다 원
**주소** 서울시 강서구 공항동 41-96
**전화** 02-2666-2204
**홈페이지** http://blog.daum.net/dawon5(최다원의 시와 그림)

**인쇄처** 月刊 書藝文人畫 · 이화문화출판사
**등록번호** 제300-2001-138
**주소** (우)110-053 서울시 종로구 내자동 167-2 인왕빌딩
**전화** 02-732-7096~7, 02-732-7091~3 (주문 문의)
**FAX** 02-738-9887
**홈페이지** www.makebook.net

ISBN 978-89-8145-726-6

후원 서울문화재단 Seoul Foundation for Arts and Culture

**값 15,000원**